LES LÉGENDES DU SPORT

CARNET

Qu'ils soient Américains, Italiens, Russes, Chinois, ou Français ; qu'ils pratiquent un sport populaire comme le football ou une discipline bien moins connue comme le curling... ces sportifs sont passés à la postérité ou brillent aujourd'hui encore en compétition... Regarde, tu en connais sûrement un grand nombre !

DE QUAND DATENT LES PREMIÈRES RENCONTRES SPORTIVES ?

À partir de 776 av. J.-C., les Grecs organisent des jeux sportifs en l'honneur du roi des dieux, Zeus. Ils se dérouleront tous les 4 ans, dans la ville d'Olympie, au pied de l'Olympe, la montagne où habitent les dieux. Les sportifs s'y affrontent dans des épreuves comme la lutte, la course, mais aussi le lancer du disque et du javelot.

QUI A LANCÉ LES JEUX OLYMPIQUES DE L'ÈRE MODERNE ?

C'est un certain Pierre de Coubertin (1863-1937). Cet historien et pédagogue français s'intéresse très tôt au développement du sport dans les écoles françaises et, tout naturellement, décide de relancer les Jeux olympiques, dont les premiers de l'ère moderne se déroulent à Athènes, la capitale grecque, en 1896. Il en choisit aussi la devise : « Plus vite, plus haut, plus fort » !

QUAND LES FEMMES ONT-ELLES PU, ELLES AUSSI, PARTICIPER À DES RENCONTRES SPORTIVES ?

Les femmes ont longtemps été absentes des compétitions sportives. Il aura fallu de longues années pour qu'elles soient acceptées. Ainsi, aux Jeux olympiques de Paris en 1900, elles n'étaient que 22 sur un total de 997 athlètes. Mais aux JO de Rio, en 2016, elles représentent 45 % des participants, et sont présentes dans toutes les disciplines.

QUAND LE HANDISPORT EST-IL APPARU ?

Aujourd'hui, les Jeux paralympiques, d'hiver et d'été, rassemblent de nombreux athlètes qui s'affrontent dans tous les sports, adaptés bien sûr à leurs handicaps. Les premières courses cyclistes de sourds se déroulent en France dès 1890. Mais c'est vraiment avec la Première Guerre mondiale que se développe le handisport avec, en 1917, une course à pied de poilus éclopés, blessés au front.

COMBIEN EXISTE-T-IL DE SPORTS RECENSÉS OFFICIELLEMENT ?

295 sports sont officiellement recensés en France. Il y a les sports collectifs, comme le football ou le rugby, et les sports individuels comme l'athlétisme, le cyclisme ou le tennis. Il ne faut pas oublier les sports de glace, de glisse, d'eau, et ceux de combat. La liste s'allonge avec, sans cesse, de nouvelles disciplines. Bien difficile de faire son choix !

QUEL EST LE SECRET POUR DEVENIR UN GRAND SPORTIF ?

Devenir une légende du sport demande beaucoup de qualités... Des qualités physiques, bien sûr, mais aussi morales : il faut avoir un caractère solide, ne pas compter ses heures d'entraînement, avoir l'esprit d'équipe, respecter son entraîneur... Sans oublier, et c'est très important, de bien travailler en cours. D'où l'intérêt de suivre une formation sport-études.

BELGE

Hubert Van Innis

Tir à l'arc

1866-1961

Ce Belge, qui manie l'arc et la flèche avec brio, est l'archer le plus décoré de l'histoire des Jeux olympiques : il a gagné 6 médailles d'or et 3 d'argent. Dès ses 16 ans, il remporte de grandes compétitions et enchaîne les succès. Il devient même champion du monde en 1933 à 67 ans !

PALMARÈS

6 Jeux olympiques
1 Championnat du monde

Duke Kahanamoku

Natation, surf

1890-1968

Duke bat de nombreux records de natation. Son secret ? Il pratique le crawl, une nage encore peu connue à cette époque. Mais une autre passion l'occupe... Le surf, un sport de glisse nautique qu'il fait connaître au public avec des figures aujourd'hui reconnues dans les championnats.

PALMARÈS

3 Jeux olympiques

AMÉRICAIN

Babe Ruth

Baseball

1895-1948

Débutant chez les Red Sox de Boston, Babe rejoint ensuite les Yankees de New York. Durant sa carrière, il sera tour à tour lanceur, frappeur et voltigeur... Une variété des postes qui lui permet de devenir un vrai champion. Sur les 194 records qu'il a établis, 53 tiennent toujours !

PALMARÈS

7 séries mondiales
10 titres de Ligue américaine

FRANÇAISE

Suzanne Lenglen

Tennis

1899-1938

Cette droitière développe un superbe revers à une main. Mais sur le court, les tenues féminines de l'époque ne sont vraiment pas pratiques pour courir. Elle va alors retirer son corset et porter des jupes courtes. Elle laisse derrière elle de nombreux titres dans des tournois prestigieux.

PALMARÈS

2 Jeux olympiques
19 Roland-Garros
15 Wimbledon

ARGENTIN

Juan Manuel Fangio

Formule 1

1911-1995

De l'Allemagne à la France, Fangio se surpasse à bord de ses super bolides. Cet Argentin enchaîne les victoires : 5 Championnats du monde et 35 podiums. Un très beau palmarès pour un homme sans permis... Eh oui, il n'était pas obligatoire de l'avoir pour concourir à l'époque !

PALMARÈS

5 Championnats du monde
24 victoires en Grand Prix

NORVÉGIENNE
NATURALISÉE
AMÉRICAINE

Sonja Henie

Patinage artistique

1912-1969

Cette Norvégienne va révolutionner les compétitions de patinage artistique en apportant des éléments de danse classique à ses performances et en chaussant des patins blancs... Une grande nouveauté ! Au cours de sa carrière, elle remporte 10 Championnats du monde.

PALMARÈS

3 Jeux olympiques
10 Championnats du monde
6 Championnats d'Europe

AMÉRICAIN

Jesse Owens

Athlétisme

1913-1980

Jesse se souviendra toujours du 25 mai 1935 quand en 45 minutes seulement, il bat 6 records du monde, dont celui du saut en longueur avec 8,13 m, un exploit inégalé pendant 25 ans ! Un an plus tard, il remporte 4 médailles d'or aux JO de Berlin, sous le regard d'Hitler.

PALMARÈS

4 Jeux olympiques

AMÉRICAIN

Rocky Marciano

Boxe

1923-1969

Son punch du droit, d'une puissance incroyable, permet à ce boxeur de gagner par K.-O. (knock-out) la plupart de ses combats… 49 victoires en 49 rencontres ! Et bien souvent avant la fin des 15 rounds réglementaires… Un palmarès qui lui vaut le surnom de « the Rock » (« le Rocher »).

PALMARÈS

Champion du monde poids lourds de 1952 à 1956
49 victoires

FRANÇAIS

Éric Tabarly

Voile

1931-1998

Il participe en 1964 à sa première course transatlantique en solitaire, sur un voilier de sa fabrication : le *Pen Duick II*. Et il pulvérise le record ! Il se montre aussi pionnier dans les inventions technologiques, en améliorant le multicoque et en créant une « école française » de la voile.

PALMARÈS

2 Transats anglaises en solitaire

CANADIEN

Ernie Richardson

Curling

1931

Richardson Rink, célèbre équipe familiale canadienne, va remporter les plus grands championnats de curling dans les années 1960, avec Ernie comme capitaine légendaire ! Ensemble, ils réalisent de superbes exploits et deviennent champions du monde à 4 reprises entre 1959 et 1963.

PALMARÈS

4 Championnats du monde
4 Championnats du Canada

Larissa Latynina

Gymnastique

1934

Larissa participe à 3 Jeux olympiques successifs et rafle des médailles à chaque agrès. Le sol, plus proche de la danse, reste toutefois sa discipline favorite. Avec ses 18 médailles, elle est la deuxième détentrice du plus grand nombre de médailles olympiques gagnées !

PALMARÈS

9 Jeux olympiques
10 Championnats du monde
7 Championnats d'Europe

AMÉRICAIN

Al Oerter

Athlétisme

1936-2007

Al participe à ses premiers Jeux olympiques en 1956, à Melbourne. Avec un lancer d'une distance de 56 m, il obtient une médaille d'or. Aux JO suivants (en 1960, 1964 et 1968), il décroche chaque fois la médaille d'or, lançant son disque toujours plus loin.

PALMARÈS

4 Jeux olympiques
10 Championnats des États-Unis

BRÉSILIEN

Pelé

Football

1940

Edson Arantes do Nascimento, de son vrai nom, participe à sa première Coupe du monde à 17 ans et se fait remarquer en marquant 6 buts en 3 rencontres ! Cet attaquant est le seul footballeur à avoir été champion du monde 3 fois : en 1958, 1962 et 1970... Quel exploit !

PALMARÈS

3 Coupes du monde
5 Coupes du Brésil
2 Coupes intercontinentales

RUSSE

Vassili Alexeiev

Haltérophilie

1942-2011

Un visage rond, un ventre énorme et des rugissements quand il soulevait la barre... Voici Alexeiev, « l'homme le plus fort du monde », qui doit son surnom à son gabarit (160 kg pour 1,88 m) mais aussi aux poids qu'il a soulevés : un total de 40 tonnes à chaque entraînement !

PALMARÈS

2 Jeux olympiques
8 Championnats du monde
8 Championnats d'Europe

AMÉRICAIN

Mohamed Ali

Boxe

1942-2016

Mohamed Ali remporte une médaille d'or olympique à seulement 18 ans ! Grâce à ses déplacements précis et ses coups rapides, il est champion du monde des poids lourds à plusieurs reprises. Mais il est aussi connu hors du ring pour ses prises de position politiques.

PALMARÈS

1 Jeux olympiques
Champion du monde à 3 reprises
56 victoires

ITALIEN

Giacomo Agostini

Moto

1942

Pilote de vitesse moto hors norme, Agostini est encore aujourd'hui le plus titré de l'histoire de son sport ! Difficile de le surpasser et pour cause, il participe à plusieurs courses chaque week-end. Le choix de ses machines y est aussi pour beaucoup dans son succès.

PALMARÈS

15 Championnats du monde
18 Championnats d'Italie
123 victoires en Grand Prix

FRANÇAIS

Jean-Claude Killy

Ski alpin

1943

La carrière de Jean-Claude Killy fut courte mais ô combien fructueuse ! Il brille dans les 3 disciplines du ski alpin : la descente, le slalom et le slalom géant, un mélange des deux disciplines. Aux JO de Grenoble en 1968, il gagne une médaille d'or dans chacune de ces épreuves !

PALMARÈS

3 Jeux olympiques
2 Coupes du monde
6 Championnats du monde
6 Championnats de France

BELGE

Eddy Merckx

Cyclisme

1945

Eddy Merckx est le cycliste le plus titré de l'histoire, sur route, sur piste et même en cyclo-cross. D'où son surnom de « Cannibale » : celui qui avale les kilomètres et les adversaires. Et il détient le record du plus grand nombre de jours en maillot jaune sur le Tour de France (96).

PALMARÈS

5 Tours de France
5 Tours d'Italie
1 Tour d'Espagne
3 Paris-Nice
3 Paris-Roubaix
3 Championnats du monde sur route

AMÉRICAIN

Mark Spitz

Natation

1950

Mark Spitz et sa célèbre moustache ont marqué l'histoire de la natation. En 1972, le nageur bat de nombreux records mondiaux et réussit l'exploit de remporter 7 médailles d'or lors des mêmes Jeux olympiques... Un record qui restera inégalé durant 36 ans !

PALMARÈS

9 Jeux olympiques

FRANÇAIS

Michel Platini

Football

1955

Milieu offensif, doté d'un pied droit imparable, Platini est un footballeur d'exception. Il a la chance d'être sélectionné 72 fois chez les Bleus. Meneur de jeu emblématique, élu 3 fois Ballon d'or, il a su se faire une place de choix dans le monde du football.

PALMARÈS

- 1 Coupe de France
- 1 Championnat de France
- 2 Championnats d'Italie
- 1 Euro
- 1 Coupe intercontinentale
- 1 Coupe des confédérations

FRANÇAISE

Florence Arthaud

Voile

1957-2015

En 1990, la navigatrice se lance dans la traversée à la voile en solitaire de l'Atlantique Nord et améliore de près de deux jours le record. Puis, elle remporte la 1re place de la Route du Rhum ! « La petite fiancée de l'Atlantique » aura fait rêver les amoureux du grand large.

PALMARÈS

1 Transpacifique
1 Route du Rhum

Ayrton Senna

Formule 1

1960-1994

Sur les circuits, le pilote montre son intrépidité, ce qui lui vaut de nombreux trophées. Son principal adversaire est le Français Alain Prost : ils vont jusqu'à se percuter en pleine course pour empêcher l'autre de franchir la ligne !

Il meurt des suites d'un accident en course en 1994.

PALMARÈS

3 Championnats du monde
41 victoires en Grand Prix

ARGENTIN

Diego Maradona

Football

1960

À seulement 15 ans, Maradona fascine déjà l'Argentine. On le surnomme « El Pibe de Oro » (« Le gamin en or » en espagnol). Grâce à lui son pays remporte la Coupe du monde 1986. Il reçoit le Ballon d'or d'honneur en 1995 pour récompenser l'ensemble de sa carrière.

PALMARÈS

- 1 Coupe du monde
- 1 Coupe des confédérations
- 1 Championnat d'Argentine
- 1 Coupe d'Italie
- 1 Coupe d'Espagne
- 2 Championnats d'Italie

AMÉRICAIN

Karch Kiraly

Volley-ball, beach-volley

1960

Ce joueur de volley-ball couvert de gloire est considéré comme l'un des meilleurs attaquants de sa génération. Il remporte 2 titres olympiques avec l'équipe américaine. Sportif infatigable, il excelle aussi au beach-volley, et gagne à nouveau un titre olympique !

PALMARÈS

3 Jeux olympiques
1 Coupe du monde
1 Championnat du monde

CANADIEN
ET AMÉRICAIN

Wayne Gretzky

Hockey sur glace

1961

Adroit et rapide, ce hockeyeur bat tous les records de points. Lors de la saison 1981-1982, il réalise une vraie prouesse : il marque 50 buts en seulement 39 matchs ! Il est si doué que son numéro, le 99, ne sera plus jamais porté par un joueur après sa retraite des patinoires, en 1999.

PALMARÈS

3 Coupes Canada

Carl Lewis

Athlétisme

1961

Il a très souvent figuré sur les podiums des compétitions d'athlétisme, comme lors des JO de Los Angeles où il gagne 4 médailles d'or. Son record personnel en saut en longueur en salle (8,79 m), établi en 1984, est un record du monde encore invaincu aujourd'hui !

PALMARÈS

9 Jeux olympiques
8 Championnats du monde

ROUMAINE
PUIS AMÉRICAINE

Nadia Comaneci

Gymnastique

1961

Du haut de ses 14 ans, Nadia impressionne le jury et les spectateurs des Jeux olympiques de Montréal en 1976 et devient un phénomène mondial. Elle est épatante aux barres asymétriques et obtient la note maximale de 10 ! Un exploit qu'elle renouvelle 7 fois lors de ces Jeux.

PALMARÈS

5 Jeux olympiques
2 Championnats du monde
9 Championnats d'Europe

Natalia Molchanova

Plongée en apnée

1962-2015

Natalia Molchanova, qui a commencé l'apnée à 40 ans, s'est vite fait un nom dans le milieu des apnéistes. Elle obtient 23 titres de championne du monde et établit de multiples records. Elle est la reine des profondeurs, jusqu'à ce jour de 2015 où elle disparaît lors d'une plongée...

PALMARÈS

23 Championnats du monde

AMÉRICAIN

Michael Jordan

Basket-ball

1963

Célèbre n° 23, le basketteur tient en haleine les spectateurs à chacune de ses apparitions. Évoluant à tous les postes, il brille en club avec les Chicago Bulls. Sa renommée s'étend au-delà des frontières américaines grâce à ses exploits lors des JO avec la légendaire Dream Team.

PALMARÈS

2 Jeux olympiques
6 Championnats NBA

SUÉDOIS

Magnus Wislander

Handball

1964

Magnus est l'un des plus célèbres handballeurs suédois. À 21 ans, il rejoint l'équipe nationale de Suède avec laquelle il va briller pendant des années au poste de demi-centre, puis de pivot. Avec 384 sélections en équipe nationale et 1185 buts marqués, difficile de le surpasser !

PALMARÈS

Championnats du monde
Championnats d'Europe
Championnats d'Allemagne
5 Championnats de Suède

FRANÇAIS

Patrice Martin

Ski nautique

1964

À 10 ans, il gagne sa première compétition internationale, à 13 ans, il devient champion d'Europe et à 14 ans, il est champion du monde... Un début de parcours incroyable ! Durant sa carrière, il va cumuler les victoires. La spécialité de ce grand champion ? Les figures !

PALMARÈS

12 Championnats du monde
34 Championnats d'Europe
4 Jeux mondiaux

ROUMAINE

Elisabeta Lipa

Aviron

1964

Elisabeta est la plus titrée des rameuses olympiques et pour cause, la Roumaine a participé à 6 Jeux olympiques ! Elle est inscrite dans différentes catégories : seule, à deux, à quatre et même à huit ! Une fois sur l'eau, il est difficile de rattraper cette rameuse hors pair.

PALMARÈS

Jeux olympiques
Championnat du monde

FRANÇAIS

Stéphane Peterhansel

Rallye-raid

1965

Stéphane aime les sports qui font monter l'adrénaline, passant du skateboard à la moto, puis au rallye-raid. Avec ses 13 Paris-Dakar remportés, à moto ou en auto, il affirme son statut de patron de la course, ce qui lui vaut le surnom de « Monsieur Dakar ».

PALMARÈS

6 Paris-Dakar en moto
7 Paris-Dakar en auto

AMÉRICAIN

Mike Tyson

Boxe

1966

Ce boxeur est aussi célèbre pour ses victoires sur le ring que pour ses démêlés avec la justice. Ce poids lourd, parfois sans limites, même en combat, mérite bien son surnom de « Iron Mike » (« Mike de Fer »). Il allie la force de frappe à la rapidité, une technique gagnante.

PALMARÈS

hampion du monde à 5 reprises

victoires

FRANÇAISE

Marie-José Pérec

Athlétisme

1968

Marie-José impressionne tout le monde lorsqu'elle entre sur les terrains d'athlétisme. Elle dépasse ses adversaires ! Titrée 2 fois championne du monde du 400 m, rien ne lui résiste. « La Gazelle » est la seule athlète française à être triple championne olympique...

PALMARÈS

3 Jeux olympiques
2 Championnats du monde
3 Championnats d'Europe

ALLEMAND

Michael Schumacher

Formule 1

1969

Sur les circuits, quand il roule pour Ferrari, on repère de loin sa voiture de course rouge qui file devant tous ses concurrents. Ce pilote allemand rafle tout sur son passage. 7 fois champion du monde, Schumacher a longtemps régné sur les podiums de Formule 1.

PALMARÈS

hampionnats du monde
victoires en Grand Prix

FRANÇAIS

David Douillet

Judo

1969

Avec son 1,96 m et ses 125 kg, qui le placent dans la catégorie des poids lourds, David Douillet en impose sur le tatami. Le judoka enchaîne les combats et les victoires. Depuis l'annonce de sa retraite sportive, il s'investit en politique et dans des œuvres caritatives.

PALMARÈS

2 Jeux olympiques
4 Championnats du monde
1 Championnat d'Europe
2 Championnats de France

ALLEMANDE

Isabell Werth

Équitation

1969

Isabell est une spécialiste du dressage, l'une des trois disciplines de l'équitation classique. Que ce soit avec son premier cheval Gigolo ou avec les suivants, ses pirouettes, ses trots allongés et ses changements de pied au galop subjuguent les juges à chaque compétition.

PALMARÈS

- 5 Jeux olympiques
- 4 Coupes du monde
- 7 Championnats du monde
- 17 Championnats d'Europe
- 8 Championnats d'Allemagne

FRANÇAISE

Laura Flessel

Escrime

1971

C'est à l'épée que Laura Flessel excelle… Son style est très personnel : elle harcèle ses adversaires, en alliant la technique à la ruse. Son coup favori ? La touche aux pieds… Une fois sa tenue blanche enfilée, cette escrimeuse devient, d'après ses dires, une « véritable guerrière ».

PALMARÈS

2 Jeux olympiques
6 Championnats du monde
1 Championnat d'Europe
15 Championnats de France

AMÉRICAIN

Kelly Slater

Surf

1972

Voici le surfeur le plus connu et le plus titré au monde ! Remportant les compétitions depuis son adolescence, il fait preuve d'une longévité remarquable dans ce sport très physique. Ses aptitudes hors normes lui permettent d'effectuer des figures incroyables.

PALMARÈS

11 Championnats du monde

FRANÇAIS

Antoine Albeau

Planche à voile

1972

En funboard, une déclinaison de la planche à voile, Antoine se surpasse, devenant un des sportifs français les plus titrés de l'histoire. Il pousse ses limites toujours plus loin, battant de nombreux records, dont celui de vitesse. Il est enregistré à plus de 98 km/h !

PALMARÈS

24 Championnats du monde
12 Championnats de France
4 Championnats d'Europe

FRANÇAIS

Zinédine Zidane

Football

1972

Avec 108 sélections en équipe de France, 31 buts marqués, 26 capitanats... Zinédine Zidane est le plus célèbre n° 10 des Bleus. Au poste de milieu offensif, son jeu de tête fait des merveilles. Au fil des ans, « Zizou » a su se faire une place de choix dans le cœur des Français.

PALMARÈS

- 1 Coupe du monde
- 1 Euro
- 2 Coupes intercontinentales
- 2 Championnats d'Italie
- 1 Championnat d'Espagne

INDIEN

Sachin Tendulkar

Cricket

1973

Sachin Tendulkar, joueur idolâtré en Inde, cumule bien des records au cours de sa carrière. Il remporte ainsi la Coupe du monde en 2011 avec l'équipe nationale où il est resté plus de 20 ans. Sa batte et sa force de frappe font des ravages dans les équipes adverses.

PALMARÈS

1 Coupe du monde

ALLEMAND

André Lange

Bobsleigh

1973

Il est l'un des bobeurs les plus titrés de l'histoire ! Avec son grand gabarit, André s'installe aux commandes du bob : c'est toujours lui le pilote. Aux côtés de son équipe, à bord d'un bobsleigh aux couleurs de l'Allemagne, il dévale les circuits de glace dans des temps records.

PALMARÈS

- Jeux olympiques
- Championnats du monde
- Championnats d'Europe

FRANÇAISE
NATURALISÉE
AMÉRICAINE

Surya Bonaly

Patinage artistique

1973

Pendants des années, Surya a rayonné sur les patinoires du monde entier. Que ce soit pour des compétitions ou des galas, elle enchaîne d'improbables figures. Comme le « Bonaly », une nouvelle figure qu'elle invente : un salto arrière, jambes tendues et arrivée sur un pied...

PALMARÈS

9 Championnats de France
5 Championnats d'Europe
5 Trophées de France

NORVÉGIEN

Ole Einar Bjorndalen

Biathlon

1974

Ce Norvégien commence sa carrière en ski de fond, avant de se tourner vers le biathlon. Sprint, poursuite, tir, Ole sait tout faire ! Quand il est sur les pistes, il devient imbattable. Son impressionnant palmarès lui vaut aujourd'hui d'être considéré comme le meilleur biathlète au monde.

PALMARÈS

Jeux olympiques
Coupes du monde
0 Championnats du monde

FRANÇAIS

Sébastien Loeb

Rallye automobile

1974

Ce pilote automobile français est le seul à avoir remporté 9 fois de suite le Championnat du monde des rallyes... Quel exploit ! Avec son copilote, Daniel Elena, il roule à toute allure sur les plus grands circuits. Le secret de sa rapidité ? Ses dérapages maîtrisés.

PALMARÈS

9 Championnats du monde
1 Championnat de France

RUSSE
D'ORIGINE
TCHÉTCHÈNE

Buvaysar Saytiev

Lutte

1975

Aux JO d'Atlanta (1996), d'Athènes (2004) et de Pékin (2008), c'est toujours le même sportif qui est médaillé d'or en lutte dans la catégorie des moins de 74 kg : Buvaysar ! À chaque combat, l'athlète lutte en corps à corps avec son adversaire, l'envoyant très souvent au tapis.

PALMARÈS

Jeux olympiques
Championnats du monde
Championnats d'Europe

ARGENTIN

Adolfo Cambiaso

Polo

1975

À 14 ans à peine, Adolfo est déjà professionnel et remporte toutes les compétitions. Ses victoires sont autant dues à son talent qu'aux prouesses de ses étalons, entraînés pour gagner. Ce cavalier à la carrière fulgurante est très vite propulsé au rang de n° 1 mondial.

PALMARÈS

14 Open d'Argentine

NÉO-ZÉLANDAIS

Jonah Lomu

Rugby

1975-2015

Jonah a un physique fait pour le rugby : il pèse 119 kg et mesure 1,96 m. À son poste d'ailier, en bout de ligne d'attaque, il perce la défense. Sa notoriété dépasse les frontières de sa Nouvelle-Zélande natale, on parle de lui comme « la première superstar » du rugby.

PALMARÈS

Tri-Nations

AMÉRICAIN

Tiger Woods

Golf

1975

En 1997, il devient le plus jeune champion du monde de golf ! Puis il remporte consécutivement les 4 tournois du Grand Chelem de golf... Du jamais vu ! Depuis, il domine le classement des meilleurs joueurs : il est n° 1 mondial durant 281 semaines de suite (de 2005 à 2010)... Un record !

PALMARÈS

4 Masters
3 Open américains
3 Open britanniques

AMÉRICAIN

Tom Brady

Football américain

1977

Avec les Patriots, son équipe de toujours, Tom a montré son savoir-faire... *Quarterback* de talent, il a reçu 3 fois le titre de meilleur joueur du Super Bowl ! À 40 ans passés (un âge record pour un joueur de football américain), il est toujours sur le terrain.

PALMARÈS

5 Super Bowls

Luciana Aymar

Hockey sur gazon

1977

Cette Argentine est sans conteste la meilleure joueuse de hockey sur gazon de l'histoire, avec 2 titres de championne du monde. Entre 2000 et 2012, Luciana participe 4 fois de suite aux Jeux olympiques et remporte plusieurs médailles avec l'équipe nationale.

PALMARÈS

2 Coupes du monde
6 Trophées des champions

FRANÇAIS

Tony Estanguet

Canoë

1978

Spécialiste du canoë, Tony Estanguet est plusieurs fois titré en Championnat du monde et aux Jeux olympiques. Perfectionniste, il modifie sans cesse sa façon de pagayer ainsi que les divers réglages de son embarcation pour s'améliorer. Jusqu'ici, cela lui a plutôt réussi !

PALMARÈS

3 Jeux olympiques
3 Championnats du monde
3 Championnats d'Europe
9 Championnats de France

ITALIEN

Valentino Rossi

Moto

1979

Pilote exceptionnel, Valentino s'est frayé un chemin en haut du classement des courses de vitesse. Peu importe les motos qu'il enfourche, l'Italien prouve toujours son génie sur les circuits et enchaîne les victoires. Un succès dû à ses nombreux porte-bonheur ?

PALMARÈS

9 Championnats du monde
115 victoires

SUISSESSE

Géraldine Fasnacht

Wingsuit, snowboard

1980

Rien n'arrête Géraldine... Elle pratique des sports extrêmes comme le parachutisme, le snowboard et le wingsuit, un type de saut effectué d'un avion ou d'un sommet, grâce à une combinaison en forme d'aile. Très douée, elle réalise des records incroyables !

PALMARÈS

Aucune grande compétition

SUISSE

Simon Ammann

Saut à ski

1981

En 2002, le Suisse concourt aux Jeux olympiques de Salt Lake City et, contre toute attente, rafle 2 médailles d'or en petit et en grand tremplins. Le public a trouvé son nouveau chouchou. Un exploit qu'il renouvelle 8 ans plus tard. Il détient le record de médailles d'or dans sa discipline.

PALMARÈS

4 Jeux olympiques
1 Coupe du monde
2 Championnats du monde

SUISSE

Roger Federer

Tennis

1981

À 36 ans, il remporte l'Open d'Australie 2018, une fois de plus... Ses premiers exploits datent de 2003 à Wimbledon, lorsqu'il devient le premier Suisse à gagner un tournoi du Grand Chelem ! Sa force : un jeu complet qu'il adapte en fonction de son adversaire et de la surface du court.

PALMARÈS

1 Jeux olympiques en double
8 Wimbledon en simple
6 Open d'Australie en simple
1 Coupe Davis
5 US Open en simple
1 Roland-Garros en simple

AMÉRICAINE

Serena Williams

Tennis

1981

Serena est une référence dans le tennis féminin. La plus jeune des sœurs Williams a un sacré palmarès : 72 titres dont 23 victoires en Grand Chelem en simple ! Son service et son revers sont ses points forts. Son mental d'acier est aussi remarquable : elle ne se laisse jamais abattre.

PALMARÈS

4 Jeux olympiques
11 Open d'Australie
14 Wimbledon
9 US Open
5 Roland-Garros

NÉO-ZÉLANDAIS

Dan Carter

Rugby

1982

Daniel Carter évolue au poste de demi d'ouverture depuis ses débuts en 2003 chez les légendaires All Blacks. Avec cette équipe, il remporte 2 Coupes du monde. Il a aussi pulvérisé le record de points avec 1598 points inscrits au cours de sa carrière !

PALMARÈS

2 Coupes du monde
5 Tri-Nations

FRANÇAIS

Tony Parker

Basket-ball

1982

Tony joue avec l'équipe nationale française, mais il est aussi le meneur d'une grande équipe américaine : les Spurs de San Antonio. Il reçoit plusieurs récompenses comme celle du meilleur joueur des finales de la NBA... Aucun Européen n'avait eu ce trophée avant lui !

PALMARÈS

4 Championnats NBA
1 Championnat d'Europe

RUSSE

Yelena Isinbayeva

Athlétisme

1982

Yelena est l'actuelle détentrice du record du monde du saut à la perche féminin. Après avoir passé la barre symbolique des 5 mètres en 2005, elle réalise sa meilleure performance en passant les 5,05 m à Zurich en 2009... Quelle prouesse ! Personne n'a encore réussi à faire mieux.

PALMARÈS

- Jeux olympiques
- Coupe du monde
- Championnats du monde
- 2 Championnats d'Europe

CHINOIS

Lin Dan

Badminton

1983

« Super Dan », superstar chinoise, domine le classement mondial et fait une brillante carrière. Ce gaucher très adroit peut expédier le volant à près de 300 km/h… Un jeu qui lui permet de devenir 5 fois champion du monde et de remporter 2 médailles olympiques !

PALMARÈS

2 Jeux olympiques
5 Championnats du monde

FRANÇAIS

Nikola Karabatic

Handball

1984

Dans la famille Karabatic, le handball se joue en famille. Nikola, aux côtés de son frère Luka, joue dans l'équipe de France de handball. Ce joueur au palmarès formidable a été élu meilleur handballeur mondial en 2007, 2014 et 2016 grâce à son jeu tactique.

PALMARÈS

Jeux olympiques
Championnats du monde
Championnats d'Europe
7 Coupes de France
9 Championnats de France

MONGOL

Hakuho Sho

Sumo

1985

Depuis son premier combat en 2001, Hakuho (153 kg pour 1,93 m) fait des merveilles en lutte japonaise, aussi appelée « sumo ». En 2007, il reçoit le titre le plus élevé en sumo, le *yokozuna* (grand champion), qui célèbre une grande régularité et une supériorité indéniable.

PALMARÈS

1048 victoires

AMÉRICAIN

Michael Phelps

Natation

1985

Michael Phelps est le nageur le plus médaillé de l'histoire de la natation. À 16 ans, il remporte son premier titre de champion du monde. Le premier d'une longue série... Aux JO de 2008, il devient une légende vivante : 8 courses disputées et 8 titres olympiques gagnés !

PALMARÈS

Jeux olympiques
Championnats du monde

ESPAGNOL

Rafael Nadal

Tennis

1986

La terre battue est la spécialité de Nadal : 10 Roland-Garros remportés ! Mais il s'impose aussi sur d'autres surfaces. La preuve ? Ses 16 victoires en Grand Chelem. S'il est connu pour son jeu remarquable, il l'est aussi pour son fair-play et sa gentillesse.

PALMARÈS

- 2 Jeux olympiques
- 10 Roland-Garros
- 1 Open d'Australie
- 3 US Open
- 2 Wimbledon
- 4 Coupes Davis

JAMAÏCAIN

Usain Bolt

Athlétisme

1986

« L'Éclair », comme on le surnomme, court 100 mètres en 9,58 secondes... Un record qu'il détient toujours ! Usain est l'athlète le plus titré de l'histoire en sprint. S'il s'attire la sympathie du public, c'est pour ses performances, mais aussi pour son attitude : il aime faire le show.

PALMARÈS

8 Jeux olympiques
11 Championnats du monde

AMÉRICAIN

Shaun White

Snowboard

1986

Skateboard, surf ou snowboard, Shaun est passionné par la glisse. En *halfpipe* ou en *slopestyle*, deux disciplines de snowboard, il collectionne les médailles. La « Tomate volante » – il est baptisé ainsi à cause de ses longs cheveux roux et de la hauteur de ses sauts – n'a peur de rien.

PALMARÈS

3 Jeux olympiques
13 X Games d'hiver

FRANÇAIS

Renaud Lavillenie

Athlétisme

1986

Renaud a un gabarit idéal (1,76 m pour 60 kg) pour le saut à la perche, car il lui permet de s'élever sans difficulté. De nombreuses médailles en poche, il bat le record du monde masculin en 2014, avec un saut à 6,16 m... Pour l'instant, personne n'a encore réussi à le battre !

PALMARÈS

- Jeux olympiques
- Championnats du monde
- Championnats d'Europe
- 14 Championnats de France

FRANÇAISE

Laure Manaudou

Natation

1986

Repérée à 14 ans par Philippe Lucas, Laure part s'installer chez son entraîneur qui va faire d'elle une championne. Ses 3 premières médailles olympiques gagnées aux JO d'Athènes en 2004 en font une véritable star. Laure devient alors « la reine des bassins ».

PALMARÈS

1 Jeux olympiques
3 Championnats du monde
9 Championnats d'Europe
36 Championnats de France

ARGENTIN

Lionel Messi

Football

1987

Lionel Messi a remporté 5 fois le Ballon d'or, un record ! Il joue au FC Barcelone, un club avec qui il remporte de nombreux trophées. Mais il collectionne aussi les titres avec l'équipe nationale d'Argentine. Ses dribbles font des ravages dans les défenses adverses.

PALMARÈS

1 Jeux olympiques
4 Ligues des champions
9 Championnats d'Espagne
6 Coupes d'Espagne

CHINOIS

Zhang Jike

Tennis de table

1988

Zhang Jike règne sur le tennis de table international depuis déjà des années. En simple, en double ou bien en équipe, il enchaîne les victoires. Des succès qu'il doit en partie à son coup droit impressionnant. Star en Chine, son pays natal, il est devenu n° 1 mondial en 2012.

PALMARÈS

3 Jeux olympiques
6 Coupes du monde
6 Championnats du monde

FRANÇAIS

Martin Fourcade

Biathlon

1988

Sur ses skis, Martin révèle toute sa puissance lors des compétitions de biathlon et devient le sportif français le plus médaillé des JO d'hiver ! Efficace en tir et fort dans les poursuites, il a su s'imposer comme le leader incontesté du biathlon.

PALMARÈS

5 Jeux olympiques
7 Coupes du monde
11 Championnats du monde

FRANÇAIS

Teddy Riner

Judo

1989

Il fait partie du panthéon des sportifs français les plus titrés. Ceinture noire de judo, il fait valser ses adversaires sur le tatami. En compétition, son objectif est le *ippon*, une technique qui lui réussit. Depuis 2010, il est invaincu : il a remporté 144 victoires consécutives...

PALMARÈS

2 Jeux olympiques
5 Championnats d'Europe
10 Championnats du monde

TCHÈQUE

Adam Ondra

Escalade

1993

Adam est un phénomène, à chaque ascension il repousse les limites et escalade des parois toujours plus difficiles. En 2017, il réussit à gravir un dévers de 45 mètres en Norvège, peut-être le premier 9c du monde… Un niveau encore jamais atteint !

PALMARÈS

7 Coupes du monde
3 Championnats du monde

Index

Les carnets

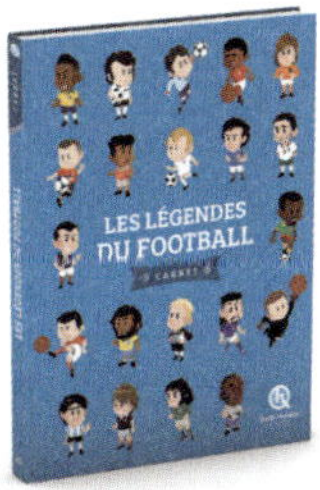

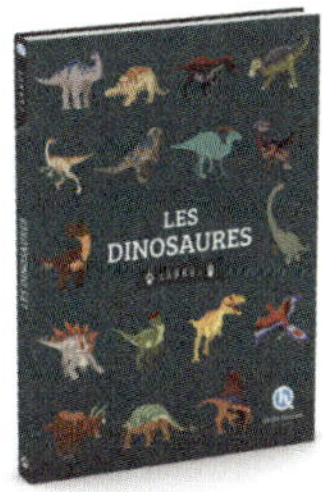

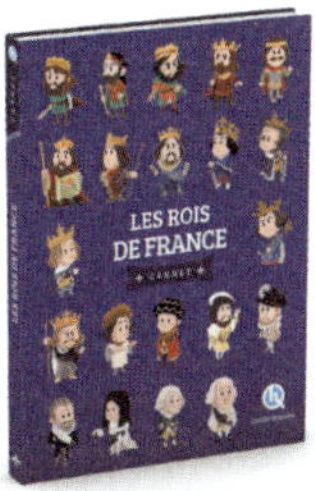

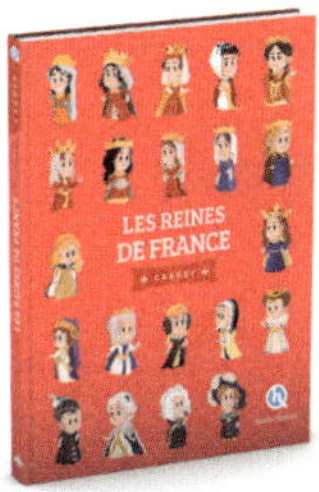

Avec la collection de carnets Quelle Histoire, découvrez les grands personnages d'une thématique : souverains, peintres, scientifiques, footballeurs... Leur portrait, leur vie et leurs œuvres, les enfants sauront tout de ces hommes et femmes qui ont marqué l'histoire !

Les beaux livres

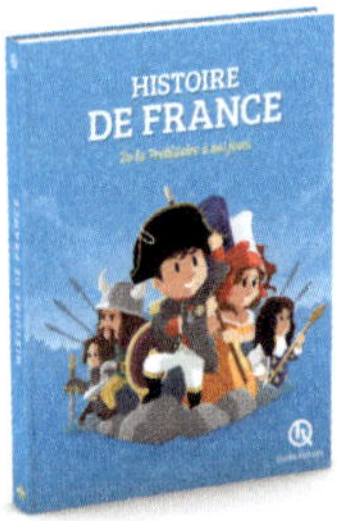

Découvrez la collection de beaux livres, les succès de Quelle Histoire adaptés dans un format de qualité. À travers des illustrations, des cartes, des chronologies, des portraits et des jeux, les enfants apprennent tous les aspects d'une thématique !